옮긴이 송광용 고려대 명예교수

시와문화 시집 059

낭만적 루프탑과 고딕의 밤

장수철 시집

시와문화

■시인의 말

결코 요리되지 않을 희망의 레시피이길
아무도 고무되지 않는 적막한 북소리에 맞추어
결코 불려지지 않을 나의 노래이길

2022년 2월 장수철

|차   례|

■시인의 말

1부 알 수 없는 것, 존재적인 것

개의 쓸쓸함을 이해할 수 없을 때 _ 12
낭만적 루프탑과 고딕의 밤 _ 14
귀에게 _ 16
여름 초밥 일기 _ 18
열어놓은 두 개의 괄호가 있는 오후 _ 20
다음이 없는 경우 _ 21
공정한 주사위 _ 22
일인용 식탁 _ 24
캥거루 복서의 연역 _ 26
다녀온 사람들의 이야기 _ 28
명렬 _ 30
생각하지 못한 것들에 대한 생각 _ 32
적설 _ 33
정오의 레슨 _ 34
사 시 네 분의 브로콜리처럼 웃다가 _ 36

2부 비대칭의 확증편향들

While my guitar gently weeps _ 38
기대하지 않은 여행의 어떤 쓸모 _ 40
반반을 시켰어 _ 42
책상을 옮길 경우 _ 44
설원에 대한 상상 _ 46
걸어서 세계 속으로 _ 48
네 개의 바나나콤플렉스 관련검색어 _ 50
산책 _ 51
6인실 _ 52
예전에 내가 도둑이었을 때 _ 54
사력 _ 56
가을의 좀비 _ 57

3부 이렇게 증오가 달콤하다니

루카스와 클라우스의 이상한 저녁 _ 60
조류독감에 대한 몇 개의 문진 _ 62
란돌트고리 c의 의혹 _ 64
베르길리우스의 아침 커피 _ 66
톰과 제리의 끝없는 통과제의 _ 68
풍경, 사자의 서 _ 69
피트니스 _ 70
생활의 달인 _ 71
단지, 메갈리틱 _ 72
주머니쥐 _ 74
꽃등심을 구울 때 우리가 이야기하지 않은 것 _ 76
달콤한 증오, 동오회同惡會 _ 78
흙 속 세계의 토요일 _ 79
장기투숙객 아홉 _ 80
기묘사화 전날 밤 _ 82
별로인 것들과 _ 83
나의 사랑하는 천적들 _ 84
대관람차 위에서 _ 86

4부 오늘의 무용한 책무를 다하는 것

야구의 영혼 _ 90
벨기에 빵집에 갔다 _ 92
일요일의 일 _ 94
팔이 두 개만으로는 허전하다고 에밀 아자르가 말했을 때 _ 96
그리운 분식 _ 98
귀와 그늘과 잠든 나 _ 100
보편적인 것들의 위로 _ 102
동지 _ 104
완벽하게 포개지는 슬픔 일속 _ 105
여름나기 _ 106
호우주의보 _ 108
대보름 _ 110
보통의 날들 _ 112
간병기 #91 _ 114
간장게장 백반 _ 116
기일의 겸상 _ 117

■해설 - 기타 없이, 고딕의 밤을 날아서/ 김경인 _ 118

1부
알 수 없는 것, 존재적인 것

개의 쓸쓸함을 이해할 수 없을 때

택배는 현관문 바깥에 도착해 있고 개는 홀로 초조하다
숨을 깊이 들이마시고 개는 철문 밖 상자의 모서리를 냄새로 더듬는다
개의 후각은 안면근육보다 정교한 수만 개의 표정을 감추고 있다

도어락 하나를 사이에 두고
모서리마다 아득하게 먼 곳의 소리가 묻어있다
문득 바깥 지상의 것들이 궁금해진 개는
베란다 통유리 너머 어둠을 내려다본다

두려움일까 아득함일까 멀리 무언가 은하처럼 멀어지는 것들

컹 컹
개는 짖는 시늉을 하지만 사라진 성대 쪽에서 물집 같은 것들만 터진다

화분에 심긴 제라늄과 서로에 대해 잠시 생각한다

극복할 수 없는 쓸쓸함의 냄새를 서로에게서 맡는다
밖에 있는 택배 상자처럼
그것은 멀리 누군가로부터 온 전언 같은 것
그러나
결코 열어볼 수 없는 것
알 수 없는 것
존재적인 것

개가 쓸쓸함을 이해할 수 없을 때
개의 혓바닥에서는 식은땀이 흐른다

낭만적 루프탑과 고딕의 밤

낮 동안 끈질기게 물고 늘어졌던 질문들이 있었다
아무리 물고 늘어져도
답이 없던 것들을 거두어 간 자리에
늘 정답처럼 어둠이 남았다

답이 되다 만 것들이
다시 눅눅한 질문이 되고
머릿속 어설픈 답들이 또 다른 질문으로 내걸리기를
여러 번

물고 늘어지던 이빨들끼리
어둠의 턱뼈에 매달려 밤을 지샌다

평상은 늘 젖어 있고
튕길 기타도 없는 밤
별 같은 건 올려다본 지 오래여서
추위에 떠는 것보다
두려움에 떠는 것이 더욱 부끄러운 밤

가지런한 치열을 이룬 빨래집게들이

빨랫줄 위로 축 늘어진 어둠의 젖을 세차게 빨기 시작했다

귀에게

그러므로 귀는 내가 한참 간지러운 것이다

미안하다
땅속 괴근처럼 비대해진
의식 과잉의 귓밥을 달고 다니는 귀에게
시종 부기가 빠지지 않는 슬픔을 매단 귀에게
한 실패한 혁명가가 젊은 시절 몰고 다니던
고물 오토바이의 사이드카처럼
작고 귀엽고
그러나 늘 텅 빈 귀에게
내 구부정한 오독의 목소리를 제법 알아듣는 늙은 귀에게
구불구불 협곡 속에 내 부끄러운 가족력을 숨겨준 귀에게
혹한 위를 떠도는 새떼들의 차가운 울음소리를 삼키는 귀에게
구순구개열처럼 찢어진 별들의 신음을
알아듣는 귀에게
소리 내어 울지 않는 귀에게

다만 듣는 귀에게

여름 초밥 일기

인생은 짧고 예술은 길다는 말은
그러니까 인생은 졸라 짧다는 얘기일 뿐이야
달력 위의 남은 날들은 생선 살을 걷어낸 흰밥 덩이처럼
자애롭고 공평하고
따분하고

접시에 달랑 남은 겨자 덩이 같은 오늘도
간장처럼 시커먼 하천에 맥없이 휘휘 풀려 내려간다는 얘기지
이름이 기억나지 않아 건져 올릴 수 없던 날들이
퀭한 눈의 멸종된 펭귄 무리처럼 녹아가는 빙하 끝에 모여 앉아있겠지

리셋 버튼을 누르면 모든 게 제자리로 돌아올까
가위질을 멈춘 가위가 가위질하는 법을 잊어버리고
멸종된 펭귄처럼
멍하니 흰 종이를 바라보게 될까
선풍기를 돌리면 여름이 좀 시원해질까

지리한 장마가 오고
날지 못하는 날개 끝에서 마지못해 나온 선풍기 바람이 살갗에 달라붙는 저녁
겨자를 푼 간장에 생선 살만 찍어먹고 흰밥 덩이는
그냥 남길 걸 그랬지
멸종된 펭귄을 위해서라도
그런 건 나중에 먹어도 되잖아 인생은 졸라 짧으니까

열어놓은 두 개의 괄호가 있는 오후

낮달이 떠 있는 오후 점심시간이 한참 지났는데도 사람들이 돌아오지 않는다 풀린 신발 끈을 밟아버린 뒷발의 발걸음들이 우르르 무너져 들어간다 일기예보가 불러들인 괴괴한 구름과 당기시오라고 적힌 문을 밀어대던 바람이 들어가고 차례를 기다리기 위해 장사진을 이룬 계단들 괄호가 열린 줄도 모르고 밤의 괄약근은 풀리고 어둠의 동공이 서서히 열린다 주석이 달린 별자리들이 들어가고 불필요한 각주처럼 낮달이 덩그러니 남는다 엘리베이터 안에서 거울을 바라보는 사람의 뒷모습을 비추는 맞은편 거울 속에 사람들이 갇힌다 도무지 닫히지 않는 괄호 바깥으로 다시 되돌아 나갈 수 없도록 열린 괄호가 다시 괄호를 열고 어순이 맞지 않는 어둠이 긴 복도 끝에서부터 칸칸이 차오른다

다음이 없는 경우

   편의점 컵라면에 뜨거운 물을 채우면서 다음의 경우를 생각하다가 표시 선을 넘어버린다
   다음의 경우라면 한계 수위를 넘었더라도 일정 정도의 체내 염도 유지를 위해 삼각김밥이나 가염 반숙란을 추가할 수 있을 것이지만
   다음의 경우를 생각하지 않고 컵라면이 익어가기를 기다리다가 잔반 국물통에 한계 수위를 넘실거리는 라면 국물처럼
   붉게 물든 취식대 통유리 쪽 노을빛을 넋없이 바라본다
   다음의 경우라면 어떠한가 전자렌지에 데운 김밥의 단무지가 뜨거워져 버린 것
   씹던 단무지를 뱉어버리고 세상은 버려진 라면 국물이 넘실거리는 국물통 같다고 생각하다가
   다음의 경우를 생각하려던 이 한계 수위를 넘어버린 삶의 다음이 없는 경우라면

공정한 주사위

나를 던진다 무감각하고 텅 빈 이것을
오늘의 패가 오늘의 일용할 양식이 될 것이다

한 꼭짓점이 거느린 면의 개수가 제각각인 오늘 이 아침
다면체로 된 태양의 한쪽 면이 늘 같은 표정으로 떠오르는
이것은 어떤 기시감인가

우유를 따르고 식빵을 자르는 것
양쪽 면에 모두 잼을 바를 수 없으므로
잼을 바르지 않은 한쪽 면이 북반구의 설원처럼 춥고 환한 것
전자렌지에서 꺼낸 우유의 흰 살갗을 벗겨내며
심판의 날 자신의 살가죽을 들고 선 바돌로매를 생각한 것

이것은 무엇에 대한 상찬인가
잼을 바른 식빵의 한쪽 면에 오전의 햇빛이 몰려들고

무감각하고 텅 빈 오늘의 나무가 유리창을 박살 내고 창틀로만 남아있는 것
　이 계절이 사실 공정하다면

　박살 난 한 계절의 파편들이 거리를 뒤덮은 것
　구간 반복을 되풀이하는 이 익숙한 황량함과
　스물한 개의 젖꼭지를 단 늙은 암돼지처럼 삐딱하게 지구의 자전축이 기운 것

일인용 식탁

일인용 식탁에 앉는다
앞으로의 모든 식욕과 외로움들까지 용서해 줄 듯
칸막이는 고해소처럼 높고
나는 걸을 때마다 짤랑거리던 허기와 외로움을 꺼내
놓는다

식간에 내가 저지른 외로움들
원죄처럼 배가 고파 온다

너무 배가 고파 외롭지 않던 시절과
너무 외로워 하나도 배고프지 않던 시절이 차례로
지나고
망가진 서랍의 레일처럼 나는
아무것도 나들지 않는 막다른 길이 되어 버렸다

그래서 지금은 배고프기도 하고 외롭기도 한 날들

장황한 외로움과 수다스런 허기를 내려놓고
나는 간결한 식전 기도문을 왼다
날카롭게 발굽이 갈라진 외로움들이

길든 포크처럼 조용히 엎드린 일인용 정찬을 받아든다

캥거루 복서의 연역

저는 캥거루입니다

캥거루이기 전의 우울한 복서입니다
복서이기 전의
질병분류코드 목록에도 없는 상세 불명의 적의입니다
장난감 샷건의 조준경을 바라보는 아이의 눈빛 속에 잠입하는
증오와 적개심의 은유입니다
6온스 글러브를 낀 선량한 유대류의 육아낭 속에
잠자던 분노의 진균들이 발아할 때
턱밑 악하선까지 차오르는 동종혐오
혹은
나와 같은 존재가 지상에 둘일 수 없다는
도플갱어적 적의입니다
링을 둘러싸고 환호하는 갤러리들 앞에서
지상에 오직 나 홀로임을 증명하기 위해 싸우는
유대류의 오랜 비가입니다
그러나 매번 여기에 만장하신 갤러리보다
열등하다는 것을 스스로 증명하고 마는

연역의 대전제입니다
질병분류코드 목록에도 없는 혼돈입니다

그래서 당신은 언제나 인간이고
저는 늘 캥거루입니다

다녀온 사람들의 이야기

다녀온 사람들은 다시 갈 수 없다는 사실이 두려워 늘 빈정거린다
이국의 동전처럼 남은 기억들은 일상으로 다시 환전되지 않는다
여권 갱신 만료일을 넘겨버린 날부터 시계는 멈춘다

떠나 있는 사람들은 돌아올 것이 두려워 호들갑을 떤다
강박적으로 사진을 찍어대거나 기념품을 사들인다
얼마 남지 않은 기한의 이익을 산정할 때마다 한 뼘씩 늙어간다

가야할까 고민하거나 가기 위해 준비하는 동안만 우리는 설렌다
일정과 행선을 짜고 옷가지를 챙기며
환전을 위해 긴 줄을 설 때 일상은 잠시 잊힌다

사실 이것도 다녀온 사람들이 하는 이야기일 뿐이다
대답들은 항상 질문보다 먼저 태어난 것들

우리는 늘 가지 말았어야 할 곳들로 마침내 떠나고 만다

명렬

이름표를 달 때마다 옷핀 끝이 살갗을 찌를까 봐 자꾸 뒤로 물러섰어
머릿속에 무시무시한 생각을 들여놓고 옷핀은 저렇게 둥근 얼굴일 수 있을까
왜 이름 같은 게 있어서 점점 나는 내 이름을 닮아가는 것일까

잠드는 게 두려워 밤새 걸을 때 그레텔이 떼어놓던 빵조각처럼 흘려놓은 이름들
출석부에 줄 맞추어 적힌 얼굴을 적당히 닮아가는 이름들
고작 저 세 개의 글자 따위에 전 생애를 구겨넣고 살아야 하는 것일까

옷핀 끝이 이름표와 옷감과 가슴을 꿰뚫는 생각만 해도 끔찍한 생각들이
세 개의 글자와 꼼짝없이 엮여 살아야 하는 무시무시한 생각들이
나보다 더 나를 닮은 이름들이
내 행세를 하고 다니는 유령 같은 저 고유명사들이

저 세 개의 글자로 된 감옥의 창살들이

생각하지 못한 것들에 대한 생각

생각하지 못한 것들은 모두 어디로 가는 것일까
장서색인에 기록된 불친절한 서지정보처럼
생각들의 어깨가 결리고 아픈 밤
생각하기 위해 버린 생각들은
최초의 도서관 서가 위 양피지 문서들과 함께 사라진 것일까
사라진 달의 반쪽 후생처럼 녹아 흐른 것일까

동시에 두 장소에 있는 마음들아
대륙붕을 어루만지며 파도를 전송하는 바닷물아
세상의 모든 생각들을 생각하기 위하여
도수를 높여가는 우울한 안경들과
막막한 초점을 향해 귀를 기울이는 눈들아

오 나는
내가 아닌 것들이 아닌 것
생각하지 못한 것들이 하지 못한 생각들로 계절은 가득 차고
안경을 잃고 형편없는 나안시력으로 찡그린
반쪽의 달아

적설

죽은 사람의 얼굴 위로 흰 천을 덮는 것은 죽음을 가리려는 것이 아니라 죽음에게 삶의 누추를 들키지 않으려는 것이다 사랑이 끝난 지표 위에 눈이 쌓여 덮인다 사랑 이후의 남루를 들키지 않으려는 듯 누군가의 이름을 한사코 지우려는 결기 같은 것들 끝내 지워지지 않는 기억을 차라리 묻어버리려는 마음 같은 것들이 무수한 점묘의 붓끝이 되어 지상을 덮는다 방치된 차들의 검은 지붕과 지붕이 내려앉은 슬픔의 가옥들 도시의 흉곽을 길게 찢어놓은 검은 도로 위로 거대한 데드마스크가 떠오른다

정오의 레슨

레슨을 시작해야겠어
지루하고 오래된 랠리를 그만두고 싶다면

정오의 태양도
행성들 간의 지루한 레이스를 그만 보고 싶겠지
소모적인 매치포인트가 반복되면서 벌써 정오가 돼 버렸잖아

아무래도 레슨을 시작해야겠어
혼자 하는 벽치기처럼 모든 게 터무니없어지고
생이 변칙적으로 튀어오르는 날

흙먼지 이는 좁은 코트에서 장거리 경주마들이 마장마술을 배우는 정오
도대체 이 구역의 편자공들은 모두 어디로 간 걸까

이 지독한 랠리를 끝장내고 싶다면
집요하게 반대편 구석으로 들어오는 스트로크를 향해
라켓을 던져버릴 수 없는 거라면

차라리 레슨을 시작해야겠어
지루하고 오래된 랠리를 그만두고 싶다면

사 시 네 분의 브로콜리처럼 웃다가

이건 아니지 않나
정작 사시 네분의 브로콜리는
세탁기 위 무정란 곁에서 노란 꽃을 피우고
냉장고 자석처럼 집요한 생식의 기대는 뭉텅뭉텅
네시 사분의 내가 절취선처럼 톡톡 웃다가 그만
잘려진 생각들
비가 되지 못하고 흩어지는 구름들

이건 아니지 않나
브로콜리 꽃다발을 위한 파반느를 듣는
네시 사분의 그릴과 오븐과 믹서의 회전날들
그 막막함의 날들
냉장고 자석에 가위눌려
결코 요리되지 않는 희망적인 레시피들

이건 너무 가혹하지 않나
놓고 나온 한쪽 귀처럼
사시 네분의 세탁기 위에서 노란 귀지를 흘리는
무너진 옆얼굴들

2부

비대칭의 확증편향들

While my guitar gently weeps*

아버지는 귓방망이를 날렸네
굳은살이 박여 포수 글러브만 해진 아버지의 손바닥은
홈으로 들어오는 상대편 주자에게 악의적인 태그를 날리듯
연식구처럼 살이 오른 내 슬픈 청춘의 뺨을 올려붙였네

반지하 어두운 내리막 계단에 앉아
아버지에게 골프채로 맞는다는 친구를 생각하며
골프채로라면 얼마든 맞을 수 있을 것 같아
이빨의 강박을 온몸에 각인하는 껌처럼
나는
질경질경 인생을 음유하기 시작했네

빨랫줄에 매달렸던 아버지의 러닝셔츠가 바람에 날려 어깨 위로 떨어졌네
후줄근 늘어난 러닝셔츠의 어깨끈을 보자
맞을 때도 나오지 않던 눈물이 나왔네

늘어진 러닝셔츠의 어깨끈을 튕기며
애초부터 조율이 불가능했을지도 모를 생의 불안한
코드에 맞춰
질겅질겅 목가풍으로 노래하기 시작했네

삶아도 지워지지 않던 러닝셔츠의 누런 목 때처럼
나는

*비틀즈의 노래 제목

기대하지 않은 여행의 어떤 쓸모

여행에서 일찍 돌아온 우리는 트렁크에서 짐을 내린다
남은 나날을 음미하던 빈집이 소란스럽게 구는 고요를 창밖으로 급히 내던졌다

체크리스트의 역순으로 쌓아둔 며칠 치의 멀쩡한 양말과 속옷과 알약들은
이제 캐리어 안에서 아무렇게나 뒹군다
때마다 우리는 일정량의 파국을 복용해야 하므로
급하게 돌아가야 할 이유들은 늘 넘친다

사실 여행이란 돌아갈 곳이 없다는 것을 알게 된 사람들이 발설해 온
헛된 희망의 순례

더럽혀진 양말과 속옷들
땀에 젖은 옷가지들
여행이든 일상이든 생의 침전물들은 순진한 몇 개의 기념품으로 위로되지 않는다

파국을 접종하기 위해 여행을 떠나고
돌아오는 게 두려워 우리는 파국을 재촉하는 것인지도 모른다
여행은 늘 이런 식이다

반반을 시켰어

   뜨는 맛집도 핫플레이스도 아닌 동네 골목 치킨집에서
   우리는 반반을 시켰어

   통유리 너머 해안가의 석양이나 도심의 야경 같은 건
   기름때 묻은 달력에나 걸려 있으라지
   배달 오토바이들이 들개처럼 으르렁거리고
   한창 성이 오른 적란운이 소리 없이 이를 갈며 번갯불을 쏘아붙이는 저녁 즈음

   외로움인지 따분함인지 반반일 때
   먹먹함인지 막막함인지도 반반일 때
   정전기처럼 모여 앉아 주문을 외듯 반반을 시켰어

   무릎 나온 추리닝에 너덜거리는 슬리퍼를 신고
   육 개월도 못 살고 기름솥에서 절명한 한 마리 치킨의 두 가지 죽음 이후를 지키고 있었지

   이번 생이 망한 걸 후회나 하고 있는 머저리들의 최

후랄까
　　안 그랬으면 안 망했을 거라고 믿는
　　추리닝 바지에 튀어나온 두 무릎처럼
　　우리는 비대칭의 확증편향들

　　못 해 본 생각과 가지 못한 길이 궁금한 우리는
　　안전하게 시켜둔 반반 앞에서
　　브라보,
　　엉터리로 나열된 치킨의 일생을 나무젓가락으로 헤
적여대면서

책상을 옮길 경우

어둠의 화법에 익숙해진 성난 먼지들로부터
긴 긴 만연체의 편지를 받을 것이다
책상을 옮길 경우

밤의 설원보다 차가운 장판 위에 찍힌
눈먼 네 개의 발자국들이
책상 밑 어둠의 거처와 안부를 물어 올 것이다

한때 책상 밑으로 굴러들어갔던
기한의 이익을 상실한 사랑과
열매 맺지 못한 시간의 이빨에 깨물린 동전들과
일시불의 가혹한 계절들

그러나
오늘도 방을 가로지르는 저 편서풍의 출처는 어디인가
부푼 돛의 횡경막을 가르는 뇌우는 언제 당도하는가
황도를 벗어난 백색형광등이 발설하는
저 견고한 천동설의 기원은 어디인가

책상을 옮길 경우
자전축이 기운 나의 방 한쪽
온순해진 북향의 창틀 앞에서
더 이상 어둠은 개를 향해 짖지 않을 것이다

책상을 옮길 경우

설원에 대한 상상

너는 모스크바에서 민스크로 가는 침대칸 기차를 탔다고 했지
제정 러시아 화폐처럼 검푸르게 녹이 오른 달빛과
우산살 부러진 밤하늘이 드리운 검은 방수천 아래로 뚝뚝
진눈깨비 흩어지는 설원이 펼쳐져 있다는 거겠지
설인의 얼굴을 한 거대한 침엽수들이 혁명전야처럼 부스럭거리며 잠들지 못하고
네 명이 함께 쓴다는 좁은 침대칸에는
피스톨을 가슴에 품은 두 명의 무정부주의자가
창밖의 설원을 향해 불안한 눈빛을 씻어내고 있을 때
기차는 설원의 긴 긴 횡경막을 찢으며 기적을 울렸겠지
기적소리마저 희게 흩어졌겠지
너는 그때 곱은 손가락으로 어떤 편지를 쓰고 있었을까
잃어버린 여행자수표에는 너의 필적처럼
차고 서늘한 빈민가의 달빛들이 웅성거리며 몰려 있었을까

너의 편지지를 흘깃거리다
낯선 이국의 문자가 두렵기만 한 무정부주의자는
바닥에 쓸리는 낡은 잿빛 외투 자락에 자꾸 손이 가고
혁명도 달빛도 너도 없이 나는
모스크바에서 민스크로 가는 대륙횡단 기차의 침대칸 안이 궁금해지고

걸어서 세계 속으로*

현관 계단 아래 우측 B-102호 지하 행성에서
우리는 여행 다큐를 보곤 했어
빌라 2층이나 3층에 오르는 발자국 소리를 헤아리
는 일처럼 세상은 신비롭기만 한 곳
그러나 걸어서는 결코 갈 수 없는 곳

가끔 우리의 존재를 알 리 없는 외계의 전단지들이
낡은 우편함에 쌓이고
우편함에 손을 넣다가 자주 손등의 살갗들이 벗겨지
던 나날들
그런 날엔 외계에서 수신된 뜻 모를 단어들을 입에
넣고 단물을 빨다 보면
아픈 게 사라지기도 했지

노란 고무밴드로 고슬거리던 머리채를 묶고
손잡이가 떨어져 나간 출입문에 한쪽 귀를 대어보던
네 모습이 생각난다
너는 머리채를 풀어 노란 밴드를 손가락에 끼우고
별이나 로켓을 만들어 주었지
로켓의 불꽃 쪽을 잡아 늘이면 슉슉거리는 소리가 들

*KBS 방송사의 여행 다큐 프로그램명.

려왔고
  나는 벌써 너의 엄지와 검지 사이에 생겨난 노란 별에 당도해 있었지

  나의 장미 나의 여우
  어쩌면 어린 왕자도 우리처럼 B-612호 지하 행성에 살았던 것일지도 몰라
  빈 컵을 들고 우리는 공연히 건배를 하기도 했어
  세계지도가 있는 사회과 부도를 찢어 비행기를 만들면서
  손잡이가 떨어져 나간 출입문 쪽 좁은 통로를 날아가
  부끄러운 반성문처럼 놓인 신발들 가득한 바닥 위로 쌓이던 종이비행기들

  이제 나는 무엇을 위해 건배를 해야 할까
  싸우고 부딪히고 외로워질 때마다 B-102호 지하 행성을 그리워하며
  나도 이곳 세상에서 손잡이가 떨어져 나간 문들에
  그때의 너처럼 조용히 귀를 대어보곤 하는데

네 개의 바나나콤플렉스 관련 검색어

바나나가 견디고 있는 것은 바나나의 무게이다 중력의 배수구 속으로 자꾸 발이 빠지고 한 치도 전진하거나 부양할 수 없는 밀랍의 깃털들이 바닥과 맞닿은 쪽부터 짓무르기 시작한다 진열대 위에서 새가 되는 꿈을 꾸기도 하면서

새들은 공중에서 제 무게를 견딘다 몸보다 더 큰 날개로 자기 몸의 무게를 들어 올린다 날개가 들어 올리는 것의 태반이 날개뿐일지라도 신다 버린 바람의 털신처럼 결국 언젠가 지상의 바닥으로 던져질지라도

서가의 책들은 날개를 접고 지상에 귀화한 새들이다 책이 견디는 것은 종이의 무게가 아니라 생각이 머금은 잉크와 잉크가 머금은 생각 사이의 비거리이다 한 페이지도 부양할 수 없는 밀랍의 깃털들로 된 가장 희망에 찬 책의 서문에서부터 짓무르기 시작한다

산책

산책은 무기력하다
나의 보폭만으로 세상을 측량할 수 없는 것
그것은 농짝이 들어앉을 자리나 술래가 서 있을 자리 정도만 가늠할 뿐이다

지도를 그리겠다고 떠나는 최초의 사람에게는
그의 보폭이 하나의 축척이 된다
그러나 거주지를 옮기거나 바다를 횡단하는 게 아니라면
나는 집에 있어야 하는 것이 옳다

산책은 무기력한 회귀의 은유다
다시 돌아와야 한다면 떠남도 없어야 했다
그럼에도 저녁 식사를 마치고
죽은 하루를 운구하듯 천변 산책로의 행렬이 길다

일과를 끝낸 사람들에게
이 마지막 일과를 끝내면 다시 내일의 일과가 주어질 것이라는 믿음 앞에서
산책은 무기력한 기도다

6인실

6인실 입구에는 여섯 개의 질병명이 적혀있다
질병분류표에 등재되지 않은 이 희귀질환들은 모두 가운데 글자가 가려져 있다
병실은 비슷한 질량의 슬픔만큼씩 여섯 개 칸막이 레일커튼으로 나뉜다

여섯 개의 하늘이 있고 여섯 개의 밤과 계절이 순환한다
간혹 고통의 정도에 따라 백야와 극야가 번갈아 회진하기도 한다
침상의 크기가 균일하다는 건 그나마 다행한 일이다

말수가 적어지는 것은 저염식 때문이다
식판을 받아들 때마다 조금 더 울기 위해 소금을 먹어야 했던 날들이 있었다는 걸
하나씩 기억해낸다
입맛이 없어지고 더 이상 면회도 없다
지독한 간병인들은
때로 욕창이 오른 나날들을 아무렇게나 되돌려놓기도 한다

체류 기간과 상관없이 모두 갑자기 그곳을 떠난다
아무에게도 떠나는 곳이 어딘지 말하지 않는 것은
6인실의 오랜 불문율이다

예전에 내가 도둑이었을 때

 주택가 담벼락의 쇠창살들이 점점 바깥을 향해 휘어지던 밤
 나는 맨발로 너를 끌고 귀신처럼 골목을 걷고 걸었다
 낡은 지붕들은 달빛을 받아 글자 위에 그어놓은 형광펜처럼 검푸르게 빛나고
 쥐떼들이 세상의 모든 글자를 하나씩 물고 사라진 게 아니라면
 이렇게 적막한 한 줄의 문장일 수 없는 밤

 시멘트 친 마당 가득 달빛이 고이고 양은 세숫대야가 방범등처럼 환하던 그 집
 담장 위에 흘러내리는 달빛을 밀치고 들어가 쓸만한 세간 몇 줄 안주머니에 쓸어담고 나오는데
 담장 바깥에 세워 둔 말 못하던 네가 귀신처럼 말하더구나
 질시와 환멸로 쓴 글귀들을 그만 내려놓으라

 그때 마당에 붙어버린 발목
 환청처럼 쟁쟁거리던 호각소리에 잘려나간 귓볼과

달빛에 얼어붙은 두 손목을 놓고 도망 나와
세상에 씌울 귀신이 없어 그깟 글귀에 씌어
지금까지 이렇게 몸통 하나로 말 못 하는 시를 끄적
이고 있구나

사력

관성의 힘이 엔진의 힘을 넘어선 그때부터
파국은 항상 제동거리 안에 있다

멈출 수 없는 우리는
그래서 늘 죽을힘을 다해 죽어간다

지상에 닿자마자 목뼈가 바스러지는 빗방울들
세상의 강물은 비의 무덤으로 가득하다

떠밀려 가는 것들은
 등 뒤에 떠미는 것들의 슬픔에 닿지 않으려 사력을 다해 떠밀려 간다

 가속기를 밟는 일이 무용한 일이 되는 순간의 내리막길에서처럼
 늙고 지친 별빛이 천구에 당도한다

 천구에 다다른 별빛들의 목뼈가 터지거나 바스라지면서
 오직 한 번 지상의 밤하늘에 빛난 것이다

가을의 좀비

피를 빤 모기의 검붉은 몸통처럼 가을은 숨길 수 없이 투명한 흡혈의 감각 같은 것을 일깨운다

우리는 가을에게 목덜미를 물린 좀비가 되어 누군가의 경동맥을 지나는 혈류 음을 듣고 달려간다

밤새 사지를 휘적거리며 조악한 구체관절인형처럼 미친 듯 몸을 흔들던 부두교도의 마을에 가을이 온 것이다

내던진 심장들이 길바닥에 굴러다니고 탈구된 어깨 쪽으로는 지혈되지 않는 기억의 혈장들이 흘러내린다

주술사의 비밀 서랍 속 잠가둔 영혼들이 누더기 같은 몸을 찾아 들썩거리고 피를 빤 모기 한 마리가 낮고 무겁게 방바닥 위를 가로지른다

투명한 몸통만 남아 너에게 가는 늦은 가을의 저녁이다

3부

이렇게 증오가 달콤하다니

루카스와 클라우스의 이상한 저녁*

서로의 뺨을 때리며 우리는 반대말 놀이를 했다
너의 반대말과 그 반대말의 반대말이 다시 너가 되지 않는
이상한 저녁

밀폐구가 헐거워진 보온병처럼 낮은 슬며시 어둠으로 새어 나가고
표적지에 그려진 동심원들처럼 하얗게 식은 별들이 뜬다

애너그램의 별들이 친족 관계를 확인하며 반짝일 때
우리는 서로의 표정을 압정으로 눌러놓고 서로의 뺨을 때렸다

팔의 길이보다 가까운 기억들로 채워진
가혹한 사정거리 안에 서로를 가두고

말수가 적어진 겨울 회양목과
오드아이의 고양이와
비포장도로를 질주하는 무진동 차량과
물살의 고양을 일삼는 무모한 바람의 반대말들을 외

치며

　서로의 뺨을 때렸다
　너의 반대말과 그 반대말의 반대말이 너로 환원되지 않는
　이상한 저녁에

　표적지를 회수하러 되돌아오는 사수처럼 새벽이 올 때까지
　더러는 고통에 익숙해질 때까지

　*아고타 크리스토프의 『존재의 세 가지 거짓말』에 나오는 인물의 이름

조류독감에 대한 몇 개의 문진

지금부터 당신은 새인간입니다
새들처럼 작고 둥글게 기침을 하고 있군요
발열은 우화의 전단계입니다
주민등록이 말소되듯
39.5도의 비등점에서 휴머니즘은 증발됩니다
새와 처음 접선했던 때를 기억하십니까
유년의 운동장에서 발밑으로 떨어진 새의 사체를
낡은 운동화처럼 꺾어 신은 채
젖은 노을의 눈시울 속으로 뛰어들고 싶었습니까
그래서 당신의 국적은 어떤 새들의 붉은 눈가입니까
인간이라는 오랜 잠복기가 끝날 때쯤
전향서 말미에 남긴 새의 발자국은 당신의 친필입니까
계절이 바뀔 때마다 어딘가로 떠나고픈 강박은
조장의 풍습처럼 길고 오랜 것입니까
머나먼 항로의 기억들이 편대 지어 날아갈 때
남쪽의 어느 하늘이 당신의 본관이 되는 것입니까
인간이라는 염증이 완치되는 순간
고병원성 감염원으로 격리되는 외로움의 끝판에서도

안심하십시오
당신은 지금부터 새 인류입니다

란돌트고리 c의 의혹

c는 위치를 잡지 못한 채 조명이 켜져버린 무대 위의 배우처럼
어떤 자세를 하고 있어야 할지 몰랐다

물고기와 나비와 몇 개의 숫자들이 전부인 이 기이한 세계에서
신원불상과 주취와 거동수상의 인상착의를 한 c는 늘 용의선상에 있다

c는 시계반대방향으로 몸을 뒤틀다가 반사회적 인물로 분류되고
음모설과 불화설은 늘 음모와 불화로 치닫는다

나비와 새와 나무들의 낭만적 세계관에서 손가락이 없는 c의 지문이 발견되고
그의 세계관에서는 나비와 새와 나무의 체액이 검출된다

c는 잠시 적막한 바람이라도 한 줄기 불었으면 좋겠다고 생각했으나

그것마저 불온한 사상으로 간주된다
침을 삼킬 때마다 추적기가 달린 편도가 따끔거렸다

사실 c는 처음부터 자신은 c가 아니라고 일관되게 진술했지만
한쪽 눈을 가리면 한쪽 세상이 사라졌다

5미터 바깥의 가려진 한쪽 눈이 버려진 것처럼 쓸쓸해진다

베르길리우스의 아침 커피

그라인더에 원두를 넣고
우리는 단테 알리기에리처럼 지옥의 입구에 당도한다

지옥문 앞 머리 셋 달린 개들이 짖어대고
목덜미를 물어뜯긴 원두의 향이 유황천의 냄새처럼 피어오른다

부서진 향기에 취해 망각의 강을 건널 때
우리는 뒤돌아보지 않기로 한 약속을 저버리고 만다

그 자리에서 소금기둥이 되거나 다시 명부로 빨려들어 가면서
만델링이나 예가체프 안티구아
혹은 시다모와 아리차 산토스처럼

커피의 이름이 왜 가난한 이민자들 가득한 항구의 이름 같은 것인지
한쪽 눈을 잃고 돌아온 시에라리온 소년병의 이름 같은 것인지 알게 된다

커피체리처럼 검붉은 수정체들이 뚝뚝 포트에 떨어진다
소금기둥이 된 우리는 한 모금씩 커피를 나눠 마시며
커피체리를 따먹기 위해 고원의 비탈을 오르는 산양처럼
위험한 향기를 딛고 연옥의 마지막 계단에 올라선다

톰과 제리의 끝없는 통과제의

톰이 보이지 않는다 나는 쓸모없는 제리
숭숭 뚫린 치즈 구멍 속에 잠든
제리의 꿈에도 구멍이 생겨나고

이것은 또 어떤 통과제의일까
제리 홀로 남아 톰을 생각한다
치즈를 지키려는 게 아니었지
단지 제리가 싫었던 톰
그 귀엽고 성가신 발톱
쫓아오던 우둔한 발자국 소리와
매력적인 치즈가 놓여있던 덫과 함정들

 톰은 보이지 않고 극장판 결말 같은 밋밋한 날들이
지나간다
 선반에는 케이크와 향신료가 넘쳐나고
 치즈 창고 바닥의 끈끈이덫 위에는 떨어져 나간 쥐
의 발목뼈들이 곰팡이 먼지에 덮여간다

 톰은 보이지 않고
 나는 쓸모없는 제리

풍경, 사자의 서

한때 인간의 집이었던 것들의 맨얼굴을 달빛이 매만지고 있다
백만 년 전 모두 한 얼굴이었을 모래와 석회와 철골들
인간을 닮은 가재도구의 찢긴 사지와 때 탄 도기들까지
위계 없이 평등하게 눕는다 상처 난 옆모습을 보여주기도 하면서

아무렇게나 울어도 기도가 되는 만물들의 저녁

빛의 반경에 갇힌 가로등의 울음소리가 뿌연 먼지로 일고
저린 손목을 내려놓은 굴삭기 옹이진 손마디 사이로 백만 년 전의 어둠이 녹물처럼 흘러내린다

사람의 온기를 더이상 들이지 않겠다는 듯 앙다문 폐허의 잇몸들이 달빛보다 붉다

피트니스

 살에 박힌 쇠를 뜯어내기 위해 연신 미간에 쇠의 힘줄을 새겨넣는다 어쩌면 쇠에 박힌 살을 뜯어내려는 것인지도 모른다 철기 문명에 저항하는 반군들처럼 밤마다 성난 표정으로 검은 철괴를 몸 밖으로 뜯어내거나 세상 밖으로 밀쳐낸다 매일 밤 참호 속의 젖은 매복과 맨몸 맨손의 참혹한 백병전에서 그들은 늘 패배하거나 소진되어 돌아간다 그러면서 점점 쇠를 닮아간다

생활의 달인

불용 처리된 화요일을 들고 아파트 현관을 나온다
방수천이 뜯긴 우산대의 늑골들이 뼛속까지 비에 젖고
페트병처럼 일그러진 입주민들의 표정이 수거함에 가득 차 있다
일주일 동안 벗어놓은 죄의식 없는 얼굴들
밟히거나 뒤틀린 플라스틱 몸통들
이미 강직이 시작된 화요일이 해체된 종이박스처럼 몸을 접고 눕는다
몸속의 적막한 공간들을 모두 내보내고 무너진 사방의 벽들
아무것도 담을 수 없게 된 평면들이 누워
장방형으로 비를 맞는다
몽유와 망상을 끄적거리던 종잇장들도 화요일 곁에서
활활 비에 젖는다

생활이 일목요연하게 분리되는 화요일
나는 점점 생활의 달인이 되어간다

단지, 메갈리틱

아파트 외벽이 석양에 물든다
형벌을 받아 몸통이 파묻히고 머리만 내민 거신들의 옆얼굴이 붉어지고
절리면 사이로 석탄기 바람의 화석층처럼 부서져 내리는 은행잎들

단지 놀이터의 아이들은 우레탄처럼 깔린 노을에 발목이 젖어있다
미끄럼틀 아래로 떨어져 내리는 어둠의 해안선을 자꾸 발끝으로 지우다가
잘려나간 산의 턱뼈를 받치고 있는 옹벽들이 웅웅거리는 소리를 듣는다

외벽 이마에 적힌 거대하고 외로운 숫자들에 불이 켜지고
약국 수거함에 수북이 쌓인 피로회복제 빈병들처럼
좀체 피로가 회복되지 않는 입주민들이 불빛을 따라 단지로 돌아와 눕는다

늦게까지 피아노를 치던 신전의 아이들은 손가락 끝

에 묻은 음표들을 물티슈로 닦아내고
　뒤꿈치를 들고 먹먹한 제 귓속으로 하나씩 들어간다

　지하 배관을 타고 서로 다른 꿈들이 세대별로 분배되고
　돌아가면서 같은 시리즈의 꿈을 꾸는 시간

　유형지의 거신들은 망망한 어둠을 바라보는 거대한 주상절리처럼 천천히 몸을 뒤튼다

주머니쥐

몸을 뒤지는 버릇이 생긴 것 같다고 생각하면서
몸을 뒤진다
결정적인 것들은 늘 결정적 순간에 사라지기 마련
뒷주머니나 앞주머니에 넣어야 할 것들의 목록이 정해져 있다면
삶이 다소 일목요연해질 거라 생각하면서
다시 몸을 뒤진다
한 날의 낭패는 한 날에 족한 것
나는 주머니 속 주차권의 묘연한 행방을 두고 고민하다
하루 치의 주차비를 정산하고 나서야 비로소
삶의 비의를 깨닫는 부류
사라진 교통카드를 뒤지다 지쳐 범칙금을 물고 마는 지하세계의 유대류

손수건 끝에 딸려 나오는 오래된 메모지 위의 이름 없는 전화번호처럼
얼굴 없이 몸만 있는 것들을 생각하며 몸을 뒤진다

몸이 발인 지렁이

몸이 날개인 행글라이더
몸이 주머니인 주머니쥐

꽃등심을 구울 때 우리가 이야기하지 않은 것*

기수를 돌린 적기는 석양에 붉게 젖은 날개를 위아래로 흔들었다
이렇게 쓸쓸한 투항을 본 적이 없는 사람들은
예언서의 책장을 넘기듯
자기 생의 절반을 조용히 뒤집었다
적요한 도시 위로 공습경보가 울렸다

꽃이 피지 않는 정원에 대한 변명은 그만두기로 하자
그것은 단지 방공호 속에서 빙하기를 나는 사람들이 회벽 위로 멸종된 꽃의 향기를 음각하다가 기억해낸 육식의 은유일 뿐

찾는 바람도 계절도 없는 어두운 식육의 정원 위로
낮의 희미한 기척처럼 초식의 별 무리가 깜빡인다
어쩌면 이것이 별들의 평생일지도 몰랐다

어느 생의 번거로운 한 끼 속
짐승 하나가 일생 벼려온 칼날이 매복 중이다

이렇게 쓸쓸한 매복을 당해본 적 없는 사람들이 다시 자기의 반생을 조용히 뒤집었다
달의 이면이 언뜻 보였다

*레이먼드 카버의 단편 제목 「사랑을 말할 때 우리가 이야기하는 것」을 변용함.

달콤한 증오, 동오회同惡會

주말 아침 관광버스 출입문 앞에서 악수를 나눈다
같은 것을 증오할 때 우리가 더욱 공고해지다니
믿을 수 없다는 표정으로 버스에 올라타며 우리는 좀 더 공고해진다

길고 긴 줄 속에서 오지 않는 광역버스 같은 것들을
시간이 지날수록 위계로 굳어가는 이 적막한 대열을 증오하다가
우리는 공교롭게 하나가 된다

현금입출금기 앞에 이 계절을 모두 송금하고 텅 빈 잔고로 되돌아가는
나무들의 행렬에 가로등 흰빛이 끈덕지게 달라붙는다
무엇인가
이 환멸 속에 스며든 고요함은

증오로 가득할수록 세상이 조금씩 평화로워지다니
이렇게 증오가 달콤하다니

흙 속 세계의 토요일

흙구덩이에서 살다 온 것처럼 옷장에 흙먼지가 내려앉아 있었다
옆으로 넘어진 현관의 신발들이 밑창을 뒤집어
발굴된 흙의 얼굴을 보여주는 토요일

소파에 누워 꿈틀거릴 때마다 진흙 밟는 소리가 났다
한 모금씩 지구의 흙을 베어물고 뒤로는 뱉어내면서
지렁이처럼 가야 할 흙 속 세계

돌아보니 뚫고 온 길들이 모두 매운 흙 속이다
그래서인지 나는 비 온 뒤의 지렁이처럼 인간의 소파 같은 곳으로 기어 나와
이렇게 말라 가고 있는 것이다

거리마다 저 지독한 그늘에 이르지 못해 말라붙은 지렁이들이
설형문자로 된 예언서의 마지막 페이지를 쓰고 있다

흙빛 노을이 서쪽 점토판 서가 위를 물들인다
환대 있는 쪽이 아직 욱신거렸다

장기투숙객 아홉

한 개의 창문으로 들어오는 공기를 아홉이 나눠 마신다
탕비실 고체비누는 한 달간 아홉의 손바닥과 사타구니를 오가다 사라진다

일시에 충전기를 꽂으면 차단기가 내려가고
교행이 불가능한 복도에서 서로의 살이 닿을 때마다
스친 곳에서부터 증오의 돌기들이 솟아난다

발소리를 내거나 기침을 하는 것
숨을 쉬고
심지어 이름을 가진 것이 민폐가 되는 곳

누군가 제발 하나라도 사라진다면
생이 쥐젖만큼쯤 환해질 거라고 아홉은 생각한다

아홉은 각자의 방에서 검은 천이 덮인 숙주처럼
어두운 환멸의 뿌리를 키운다
서로가 서로에게 민폐라는 걸 모두 알지만 결코 평화로워지지 않는 곳

서로가 용납하지 않은 것들로만 가득 찬 아홉 개의 방 속에
장기투숙객 아홉이 산다

기묘사화 전날 밤

 남해상에서 북상하고 있는 12호 태풍의 세력권 내에 접어든 노인정 위 접시형 위성안테나가 위태로운 종묘사직처럼 흔들렸다 오늘은 기묘사화 전날 밤 종반부에 접어든 사극 앞에서 누군가는 조광조가 되고 김종직이 되고 또 누군가는 온통 뜨거운 수증기가 유입된 중종의 머릿속이 되고 강풍을 동반한 비바람에 박쥐우산들은 대소신료처럼 무기력하게 찢어지고 뒤집히고 연대를 고증할 수 없는 바람이 먼바다로부터 편년체로 휠휠 불어올 때 머리채 잡힌 나무들이 죽기를 각오한 사관들처럼 바람의 손톱자국을 이파리 위, 나무껍질 위에 사력을 다해 새겨가는

 기기
 묘묘한 밤

 종묘와 사직은 한결같이 위태롭고
 벼락에 찍힌 가로수처럼 혁명과 사화가 세상을 두 갈래로 쩍쩍 가르는 밤

별로인 것들과

별로인 사람들과 약속을 잡고 마주 앉아 밥을 먹었다
별로인 그들에게 나도 별로였을
이 쥐젖 같은 나날들

붉은 적의만 남은 신호기들이 점멸하는
늦은 밤의 귀로
헬스장 기계들에 올라탄 사람들이
창밖으로 일제히 투신할 것 같은 기세로
그러나 아무리 내달려도 제자리인 하염없는 이 저녁

별로인 것들과 함께 먹고 춤추며 살아가다가
어느 날의 승강기 안에서
물이 뚝뚝 떨어지는 음식물 쓰레기를 들고
음식물 쓰레기를 들고 있는 아래층 사람과 어색하게 눈이 마주치는
아주 별로인 이 저녁

나의 사랑하는 천적들

처음 다물었던 악관절의 힘 그대로
끝까지 파닥이는 싱싱하고 증오에 찬 빨판 그대로
여정은 지루할 새 없이 시간 가는 줄 몰랐네

가끔 무기력하고 지친 눈으로 쳐다볼 때 가장 아름다운
 나를 증오하는 저 작고 고운 꽃과 나비들
 풍경과 매혹들

적벽돌로 된 벽을 타고 오르는 담쟁이의 흡착근처럼
시간은 벽돌 사이를 파고들었네

행선이 같은 우리는 같은 버스를 타고 같은 유적지마다 함께 내렸지
 나는 너의 지느러미를 찢고
 너는 등에처럼 내 등을 쏘기도 하면서 각자의 근육을 키워 가고
 벽돌들처럼 서로 양악을 조이거나 담쟁이처럼 그 사이를 파고들었네

살기와 생기가 뒤섞인 비좁고 협소한 시간의 담장 위에
　나를 증오하는 이 작고 여린 봄의 풍경들을 떼내어 활짝 널었네

대관람차 위에서

회오리바람이 불어오기 전의 일이었지
퍼레이드를 떠난 고적대의 노랫소리가 고적하게 울려 퍼지고
습관적인 낙차와 무목적인 가속과 텅 빈 주행거리가
카라멜 향처럼 달콤하게 피어오르던 오후였지

부딪고 할퀴던 성난 범퍼카들이 적의를 잃고 서로의 찢어진 귓바퀴에 대고 노래하는
머언 먼 먼치킨들의 나라에는
마법에 걸린 겁쟁이 대관람차와 영지의 변방을 지키는 병든 목마들
그리고 심장을 잃어버린 롤러코스터와
오래전 함대에서 낙오한 바이킹 배 한 척이 살고 있지

그러니 도로시
이젠 네가 무지갯빛 오즈로 모두를 데려가 줘야겠어
구정물 가득한 해자 위를 떠도는 아기 오리배들도 함께

3차원 레이저쇼가 펼쳐지기 전
그래서 마침내 풀도 나무도 온통 회색빛
야간개장도 없이 연중무휴로 춥고 바람 부는
쓸쓸한 캔자스로 데려가 줘야겠어
지독한 회오리바람이 다시 불어올지라도
퍼레이드를 떠난 고적대의 행렬을 다시 만날 수 없을지라도

4부

오늘의 무용한 책무를 다하는 것

야구의 영혼

외야석에 앉으면 야구의 영혼이 느껴졌다
그해의 모든 시즌이 끝난 홈구장의 외야석에 앉아
나는
시즌 첫 홈런을 맞은 투수의 와인드업을 흉내 내며
음울한 휘파람을 불고 있었다

텅 빈 덕아웃에서는
야구의 영혼이 담배껌을 씹는 소리가 쓸쓸히 들려왔다

달리던 말에서 내려
뒤늦은 영혼의 당도를 기다리는 체로키 인디안처럼
야구의 영혼은
불 꺼진 스코어보드 위에 걸터앉아
잊고 있던 그해 마지막 시즌의 전력투구를 회상하고 있었는지도
몰랐다

외야수의 글러브가 놓친 파울볼처럼 불구의 시간들이

펜스 밑에 처박히며 쌓여갔다

그새 나는 한 차례 짧고 단단한 바람을 맞는다
그게 야구의 영혼인 줄도 모르고
야구연감에 기록된 역대 가장 절망적인 대진표를
열광의 시즌이 끝난 그해
텅 빈 청춘의 기억 위에 옮겨 적고 있었다

벨기에 빵집에 갔다

그녀가 죽은 후 얼마 되지 않은 어느 날
크루아상이 구워져 나오는 시각에 맞춰 우리는 벨기에 빵집에 갔다
크루아상의 속살처럼 그녀 이전과 이후의 시간은 어지럽게 포개져 있다
구름 모양의 허기를 닮은 오븐 속 크루아상들은
가장 먼저 구름에 가닿은 비행선의 표정만큼 부푼다

진열대 선반 위 빵들이 선단처럼 대열을 갖춘다
제단 위의 제물이 찬미하는 것이 삶인지 죽음인지 우리는 알 수 없다
늘 그만큼의 허기가 우리를 기다릴 뿐

빵 굽는 냄새를 맡으며 우리는 이제 그녀의 죽음을 천천히 이해한다
그때 슬픔과 허기가 열평형을 이룬다
우주적인 상실은 없다

크루아상을 베어 물자 겉껍질이 부서져 내리고
바닥에는 죽어가거나 살아가야 할 날들이 검불처럼

날렸다

  빵 냄새를 맡으며
  우리는 타지로 향하는 가장 느린 길처럼 슬픔으로
휜 서로의 등을
  오래도록 쓰다듬었다
  초승 지구가 파랗게 뜬 밤이었다

일요일의 일

오늘의 일은
속이 빈 거대한 원기둥을 싣고 가는 것
여기서부터
가 본 적 없는 그곳까지

보이지 않는 오늘의 무용한 책무를 다하는 것

어떠한 신전의 지붕도 얹을 수 없이
한없이 가볍고 어마어마한 부피를 지닌 커다란 원기둥들

저 거대한 신들의 빨대를 멀리로 옮겨주는 것
여기서부터
처음 만나게 될 가장 아름다운 벼랑까지

날아가거나 흘러내리지 않도록 단단히 묶어 둔
3번과 4번 요추가 뻐근해지도록
원기둥들이 담고 있는 일요일의 일과 같은 것들을 싣고
마지막 밤의 벼랑 끝까지 달리는 것

로프를 끊고 날아가는 원기둥들을 환하게 바라보는 것

팔이 두 개만으로는 허전하다고 에밀 아자르가 말했을 때*

나는 안다 그 허전함의 기원을
팔이 세 개였다면 아니 네 개였다면
혹은 팔이 없는 비단뱀처럼 무릎에서부터 너를 온몸으로 감아 오른다면
안와상융기 아래로 오래된 두 개의 우물처럼 고인
네 두 눈의 고요를 바라볼 때의 신비를
나와 계통적으로 멀고 먼 누군가를 사랑하거나 꿈꾸는 일의 아픔을
어떤 다른 차원의 이념이나 살결로 느껴가는 것들의 서툰 조바심을
소리가 아닌 다른 물질이나 파동으로 사랑을 말할 때
그 사멸하는 마지막 순간의 별빛 같은 찬란을
내가 비단뱀처럼 세 치 혀라는 것으로 너의 향기를 내 안에 음각할 때
나는 너를 천천히 감아 오르며
이것이 우주의 가장 춥고 높은 고원이거나 극지일 거라고 생각할 때의 아득함을
나는 안다

내게 두 개의 팔이 너무 많거나 부족하거나 하지 않
고서
　　지금 이렇게 간절할 수 없음을

　　*에밀아자르(로맹가리)의 소설 『그로칼렝』에서

그리운 분식

저쪽 구름 밑에 가서 뭘 좀 먹고 와야겠어
밀가루 음식 같은 것
이마뼈처럼 단단한 곡식을 빻아 만든
분식 같은 것

월요일은 여기에 버려두고 전화도 받지 말자
저쪽 구름의 성읍 어귀에 차를 세우고
성벽 너머로 바람에 실려온 밀향을 맡는 거다

한 계절 불어온 바람에 물기가 날아가고
더욱 단단해진 곡식의 이마들은 곱게 빻아져
단단한 가루가 되었겠지
그래서 오늘의 가장 부드러운 반죽이 되었겠지

  조심해서 걷지 않으면 박력분처럼 마음도 난분분 날리는 곳
  오래도록 치댄 밀반죽 같은 저쪽 구름 아래
  밀밭이 보이는 분식집에 너를 불러 앉히고
  나의 분식을 함께 먹어야지
  소화가 잘 되지 않아도

일부러 크게 크게 후르륵거리기도 하면서

귀와 그늘과 잠든 나

너는 나를 너무 사랑해서
나의 귀를 판다
달그닥거리는 귓속 소리의 환들을 귀이개로 불러 모은다

귀가 홀로 소리들을 시켜먹고
현관 문 밖 조용히 내어다 둔 배달 그릇 같은 것들을

얘들아

불빛도 하나 없는 귓속으로 들어가는 네 손가락 끝에 달린
목소리

외이도 깊은 골짜기 마을에 하나둘 외등이 켜지고
귀지처럼 얼굴이 튼 아이들이 돌아온다

너는 나를 너무 사랑해서
내 손바닥 위에 옥수수 칩처럼 노란 귀지를 올린다

손바닥 위로 몇 개의 그늘이 생겨나고
나는 그늘 속에 들어가 깜박 잠이 든다

귀와 그늘과 잠든 내가
너는 그렇게 예쁠 수가 없다

보편적인 것들의 위로

머리 위로 정오의 해가 떠 있다
신발 밑창 아래로 숨거나
반의 반의 반으로 접히는 그림자들
보편적인 바람이 불고 보편적인 하루의 절반이 지난다

호의적인 문들은 열리면서 발가락을 찢고
호의적인 부모는 자식들을 물어뜯는다
긍정적인 계단에서 발목이 접질리고
한때의 연애는 기이한 흉터를 남긴다

지나간 것들은 사라지지 않고 일반화되어 모두의 것이 되거나
누구의 것도 아닌 것이 된다
멀리 보편의 능선 너머 첩첩의 거대한 산악들은
전시장의 무표정한 광물표본석처럼 하나도 아프지 않다

멀리 있어줘서 더 이상 슬픔이 되지 않는
고맙고 아름다운

보편의 세계

누구나의 머리 위
아무도 아프지 않은 보편의 햇살이 부서져 내린다

동지

검은 밤의 껍질을 도려내면 날빛처럼 하얀 생률이 나오는
밤의 단단한 등껍질을 홀로 벗겨가는 불면의 시간
깊어갈수록 격변화하듯 몸을 뒤트는 복수형의 어둠과
진폐증의 영문철자법처럼 배타적인
새벽 두 시의 초침 소리

밤이 홀로 어둠의 긴 긴 혓바닥을 뱉어버린 채
텅 빈 입 속
생률처럼 빛나는 새벽의 송곳니를 보여줄 때까지
계속되는 불면의 가위질
그럴수록 점점 자라나는 열두 개의 내향성 발톱들
동지의 밤은 어둠의 악력을 키우고

가위질에 잘려나간 밤의 각질들을 새벽의 별들이 먹어치울 때까지
율피처럼 떫고 까슬까슬한 구개음으로 컹 컹 짖어대는
이 겨울밤의 상피를 도려내는 밤 가위

완벽하게 포개지는 슬픔 일속

완벽하게 포개지는 식기 세트처럼
차곡차곡
여럿의 슬픔도 마침내 하나가 될 것이다

가장 큰 슬픔이 바깥을 견딘다
극렬한 오늘의 치통이 모든 통증을 재우듯

울어라
모두가 나중에 얘기해 준다고 해놓고선
결국 아무도 말해 주지 않은 어른들의 이야기처럼
아무것도 아닌 밤

슬픔 속의 슬픔을
고통 속의 고통을 먼저 재우고 맏형처럼 웅크린
바깥 슬픔의 검질긴 근육 위로

눈이 내린다

여름나기

저녁마다 당신은 마을의 길들 위에 당신의 발자국과
당신의 보폭에 맞춘 계단들을 뿌려 놓는다

까탈스러운 길들은
보표가 놓이길 기다리는 오선의 마지막 마디처럼 온
순해진다

세면대 거울 속에는
당신을 떠나려고 비뚤어지던 몇 개의 덧니들이 주저
앉아 있다

오늘의 빨랫감들이 모두 소매가 붉은 것도
당신의 잇몸에서 옮아 온 탓이다

마을의 어느 길가에나 당신은 성년의 살구나무로 서
있고
떨어진 살구들은 경사진 골목길을 따라 한사코 구르
다가
모퉁이를 돌 줄 모르고 담벼락에 부딪힌다

여름의 저녁
담장 아래 터진 살구의 무른 속처럼 석양이 흥건하고
울혈 지는 모든 것들이 당신의 눈시울이 된다

호우주의보

미처 모래주머니를 세워두지 못한 마음 한켠부터 흙탕물에 함락된다
반지하 계단을 흘러내리며
가장 낮은 벽지 위에 흙탕물이 스미고 불길한 자국을 남긴다

바람 떼가 천막을 찢기 전 저지대의 노점들은 서둘러 하루를 철거한다
비에 젖은 검은 천막을 걷어낼 때 생계의 억센 뼈대가 희번뜩 보였다
어깨뼈부터 몇 번씩 꺾이고 접히면서 비바람에 무릎 꿇는 지독한 하루를
아무도 기록해 두지 않는다

바람에 맞서던 우산의 이마에 성난 핏대가 울혈 지다가 마침내
찢어지거나 전복되는 일처럼 그것은 흔한 일이므로

길 위에 찢겨 버려진 검은 우산들은 결국 비바람의 이복형제들

주머니 속 남은 건 가야 할 먼 길뿐인 저지대의 사람
들은
　젖은 신발 속에 넣어둔 신문지 뭉치처럼
　흙탕물 젖은 각자의 방으로 구겨져 들어간다

　그렇게 하룻밤 기대어 잠들다 서로의 등에 지워지지
않는 불길한 자국을 남긴다

대보름

식탁에 마주 앉아 우리는 검은 나물을 먹는다
건초를 씹는 말처럼
먼 길을 달려온 노쇠한 겨울의 기분이 된다

말의 허벅지처럼 단단한 정월의 달이 뜨는 저녁

달의 후일담을 얘기할 때
기우는 달의 뒷목처럼 쓸쓸한 서로의 흰 목덜미를 바라보다가
비릿한 슬픔이 차오른다

숟가락으로 국물을 떠넘기며
거뭇거뭇 말라비틀어진 지난해의 열광들을
오래도록 씹어 삼킨다

왜 국물은 항상 그릇들 사이 좁은 틈새로만 떨어지는 것일까

더 이상 빌지 않기로 한 소원들이 건초더미처럼
죽은 계절의 냄새를 풍기는 저녁

서로에게서 마지막 열망이 사라져가는 광경을 지켜
보다가
　밥과 국그릇의 거리만큼
　서로에게 가장 먼 곳이 되어 버린다

보통의 날들

이인용 좌석에는 한 사람씩만 앉아 있었다
사나운 외로움을 옆좌석에 앉히고 귀가하는 사람들의 옆얼굴이
차창 위로 하나씩 풍등처럼 켜진다

흔들리는 손잡이를 잡고 서면
악력으로 버텨온 하루가 손아귀에 딱 맞게 들어찬다
빈 손잡이들이 버스의 율동에 맞추어 흔들린다는 것은
외로움이 분노가 되지 않게 하는 법을 터득하고 있다는 것이다

버스가 흔들릴 때마다 조금씩 온순해진 외로움들이
멀리 가야 하는 사람들의 어깨 위로 하나씩 머리를 기대오고
기원도 약속도 없이 풍등의 불빛은 바람을 타고
혼령처럼 세상 밖으로 날아간다

희미한 별빛들이 정류장 빗물받이에 풍등처럼 내려앉아 있다

반려견의 보폭을 닮아가는 산책자처럼
앞세운 외로움의 보폭으로 지구의 외진 골목을
나는 또 걸어갈 것이다

간병기 #91

뭉개진 은행 열매들이 표적 부근의 탄착점처럼 길 위에 흩어져 있었다 애초부터 가망 없음을 인지한 무력한 탄착군들

반쪽 두개골로 남은 공중의 달이 사라진 기억을 찾으려다가 오늘 같은 건 다 소용없다고 중얼거렸다

요양병원 병상처럼 길게 누운 구름이 천천히 밤의 병실동 회랑을 빠져나와 사라진 왼편 달의 눈가에 멈추어 선다

당신의 눈썹처럼 밤이 깊다

기억이 드나드는 해안가에 하루에도 수십번씩 1인칭의 시가지가 생겨났다가는 곧 무너졌다 아침마다 물을 주어도 더 이상 자라지 않는 이야기들을 데리고 기억 속의 먼 길을 떠났다가 돌아오지 않는다

아무것도 기약할 수 없는 생이었다고 다시 중얼거렸다

검은 밤의 인도 위에 빵끈이 떨어져 빛난다 끊어진 반지처럼 꽉 다물었던 이빨자국마다 처연한 빛이 고이다 흘러내렸다

간장게장 백반

귀한 살이니 함부로 몸을 내주지 않을 것이니라
끓여 식힌 간장에 돌게를 묻으며 어머니 말씀하셨다

소매를 걷어 올리고 손을 버릴 각오로
오늘도 나는 덤빈다
칼등으로 내리치고 어금니로 부수고 으깨며
돌게의 몸을 허문다

오죽 귀했으면 뼈 위에 살을 얹는 세속의 짐승과 달리
뼛속에 제 살을 감추었겠느냐

이 거룩한 비의를 향하여
오늘도 나는 멋모르고 사지를 부린다
턱이 얼얼하고 어금니 욱신거리고 입안은 모두 헐고
아무리 비누로 닦아내도 비린내 지워지지 않는데도
먹은 게 없다는 생각

몇 술 떠보지 못한 이승의 밥그릇 옆으로
어머니 단단한 말씀만 수북하시다

기일의 겸상

산 자와 죽은 자가 함께 겸상을 한다
산 자는 죽은 자가
죽은 자는 산 자가 애틋하여
맞은편 밥그릇에 나물 반찬을 다투어 올린다

저세상도 건너와 보니 이제 제법 살만하다고
그대 없이 이 세상 사는 일도 많이 익숙해졌다고
내 걱정 말고 부디 많이 드시라고

밥 들어가는 컴컴한 목구멍처럼
홀로 돌아가야 하는 멀고 어둑한 길

다 드셨거든
여기 좀 혼자 있어도 괜찮으니 그대 먼저 들어가시라고
그럴 것 없이 등짐 무거운 이녁 먼저 돌아가라고

떠밀면서 서로 손 놓지 못하는
기일 저녁의 식탁머리

■해설

기타 없이, 고딕의 밤을 날아서

김 경 인
(시인)

1. 파울볼의 시간

외야석에 앉으면 야구의 영혼이 느껴졌다
그해의 모든 시즌이 끝난 홈구장의 외야석에 앉아
나는
시즌 첫 홈런을 맞은 투수의 와인드업을 흉내 내며
음울한 휘파람을 불고 있었다

텅 빈 덕아웃에서는
야구의 영혼이 담배껌을 씹는 소리가 쓸쓸히 들려왔다

달리던 말에서 내려
뒤늦은 영혼의 당도를 기다리는 체로키 인디안처럼
야구의 영혼은

불 꺼진 스코어보드 위에 걸터앉아
잊고 있던 그해 마지막 시즌의 전력투구를 회상하고 있었는지도
몰랐다

외야수의 글러브가 놓친 파울볼처럼 불구의 시간들이
펜스 밑에 처박히며 쌓여갔다

그새 나는 한 차례 짧고 단단한 바람을 맞는다
그게 야구의 영혼인 줄도 모르고
야구연감에 기록된 역대 가장 절망적인 대진표를
열광의 시즌이 끝난 그해
텅 빈 청춘의 기억 위에 옮겨 적고 있었다
―「야구의 영혼」 전문

내 앞에 몇 개의 절망적인 대진표가 남아 있는지 모르던 그런 날 중의 하루였을 것이다. 대학원 막 학기를 앞두고, 졸업 후의 계획이 무엇인지 등등의 다소 현실적인 얘기를 나누던 중이었던 듯싶다. 껌을 씹고 있던 야구의 영혼이 뒤늦게 자신의 타석에 등장해 때늦은 후회를 하듯이, 첫 홈런을 맞은 투수가 구종을 속절없이 복기하듯이, 우리는 빛의 속도로 달아나버린 각자의 청춘을 한탄하고 있었다. 누군가 장래 희망을 물었는데, 어쩌다가 얘기가 그리로 흘러갔는지, 다들 무엇이라고 말했는지, 나는 또 뭐라고 했었는지 도무지 모르겠다. 다만 내 기억 속에는 한 선배의 다소 조용하고

나지막한 음성이, 그날 나무이파리 위에서 가만히 뒤척이던 햇빛과 더불어 떠오른다. '나는 빨리 늙어서 요양원 빛 잘 드는 곳에 앉아서 햇볕을 쬐고 싶다.'고 선배는 말했었다. 요양원이라던가? 아니면 양로원이었나? 가물가물하지만 어쨌든 당시에 이십대였던 나로서는, 살면서 들었던 중 가장 기이하고 충격적인 미래 소원이었던 것은 분명하다.

그러나 자신의 소망대로 사는 인간이 얼마나 있겠는가? 나도 그 선배도 자신의 소망을 이루지는 못했다. 그는 원하는 만큼 빨리 늙지 못했으며, 요양원에 가기 전에 먼저 시인이 되어 버렸다.

> 낮 동안 끈질기게 물고 늘어졌던 질문들이 있었다
> 아무리 물고 늘어져도
> 답이 없던 것들을 거두어 간 자리에
> 늘 정답처럼 어둠이 남았다
>
> 답이 되다 만 것들이
> 다시 눅눅한 질문이 되고
> 머릿속 어설픈 답들이 또 다른 질문으로 내걸리기를
> 여러 번
>
> 물고 늘어지던 이빨들끼리
> 어둠의 턱뼈에 매달려 밤을 지샌다
>
> 평상은 늘 젖어 있고 튕길 기타도 없는 밤

별 같은 건 올려다본 지 오래여서
추위에 떠는 것보다
두려움에 떠는 것이 더욱 부끄러운 밤

가지런한 치열을 이룬 빨래집게들이
 빨랫줄 위로 축 늘어진 어둠의 젖을 세차게 빨기 시작했다
─「낭만적 루프탑과 고딕의 밤」 전문

위 시에 기대어 나는 그가 견고하게 건축한 시의 집에 열쇠를 넣어 본다. 낭만적 루프탑과 고딕의 밤이라니…. 젖어 있는 '평상' 위에 아무렇게나 주저앉아, 마치 하늘에 가장 가까운 루프 탑의 꼭대기에 앉아 한 번도 존재하지 않았던 이상적 세계를 향한 음악을 연주한다는 듯, 제법 간절하게 시를 쓰는 누군가의 뒷모습이 떠오르지 않는가? 그는 고딕과 낭만을, 밤과 낮의 시간대에 대입한다. 아마도 루프탑이 그가 지향하는 세계라면, 젖어 있는 평상은 그가 놓인 일상의 자리일 것이다.

일상의 거처인 '평상'은 시집 곳곳에서 지하 행성 또는 지하 세계(冥府), 방안등 폐쇄된 어둠의 공간으로 변주된다. 가령,「걸어서 세계 속으로」에서 '현관 계단 아래 우측 B-102호 지하 행성'이라는 삶의 조건은 우리로 하여금 '빌라 2층과 3층을 오르는 발자국 소리를 헤아리는 일'을 꿈꾸게 하는 근본으로 자리하며,「흙

속 세계의 토요일」에서 '소파에 누워 꿈틀거리'는 나는 '흙구덩이에서 살다온' 지렁이로 비유되기도 한다. 이러한 어둠의 세계에서 이상과 영원을 꿈꾸거나 이상적 세계에 대한 열정을 간직하기란 쉽지 않다. 그래서 '낮 동안 끈질기게 물고 늘어졌던 질문들이 있었다/ 아무리 물고 늘어져도/ 답이 없던 것들을 거두어 간 자리에/ 늘 정답처럼 어둠이 남았다'에서처럼 그가 던지는 질문은 낮의 시간대에서 시작되어 고딕의 밤에 이르러서 '어둠'으로 남는다. 가령, 이 질문들은 집안에 갇혀 있는 개가 궁금해 하는 '먼 곳의 소리'이며 '바깥 지상의 것'(「개의 쓸쓸함을 이해할 수 없을 때」)이거나 애니메이션 속의 캐릭터 제리가 꾸는 '꿈'('제리의 꿈에도 구멍이 생겨나고 /이것은 또 어떤 통과제의일까')으로 형상화되는 바, 그것은 낭만적 세계관의 지향점으로서 초월적 이상이나 근원에 대한 갈구로 요약된다.

  문제는 이러한 낭만적 이상이 현실에서는 늘 좌절된다는 것이다. 개는 집 안에 묶여 있어 바깥을 알 수 없고 생쥐 제리를 쫓는 고양이 톰이 사라지는 순간에 제리의 꿈에는 구멍이 난다. 그러나 성찰의 시간대인 밤조차 '지하 배관을 타고 서로 다른 꿈들이 세대별로 분배되고/ 돌아가면서 같은 시리즈의 꿈을 꾸는 시간'(「단지, 메갈리틱」)일 뿐이어서, 결국 시인은 대답 대신 늘어나는 질문으로 밤을 지새운다.

2. '생활'이라는 진앙지, 무용한 낭만주의자

장수철의 시는 지상/천상, 고딕/낭만, 현실/꿈의 이항 대립적 세계에서 하강하는 존재로서 인간의 쓸쓸함과 절망감을 그려낸다. 소위 루프탑과 평상 사이의 거리는 곧 시와 현실 사이의 좁혀질 수 없는 거리이다. 방황하는 인간에게 길을 알려주던 빛나는 별자리들이 사라진 시대에 그는 낮의 질문들이 빛을 발하기는커녕 어둠 속으로 스며들어 더욱 짙은 어둠이 되는 것을 본다. 이런 세계에서 그가 던지는 질문이란 '이러한 고딕의 세계를 어떻게 견디어야 할 것인가?'라는 존재론적 물음일 것이다.

낭만적 이상이 좌절된 세계, 꿈이 사라진 환멸의 현실은 '불용 처리된'(「생활의 달인」) 생활로 가득 차 있다. 그가 쓴 시, 즉 '몽유와 망상을 끄적거리던 종잇장'(「생활의 달인」) 역시 불쏘시개처럼 화요일에 버려진다.

> 생활이 일목요연하게 분리되는 화요일
> 나는 점점 생활의 달인이 되어간다
> ―「생활의 달인」 부분

생활은 '몸속의 적막한 공간들을 모두 내보내고 무

너진 사방의 벽들'(「생활의 달인」)처럼 인간 본질의 조건인 내밀함과 고독함을 완전히 초토화시키는 진앙지로 간주된다. 이러한 생활은 '헬스장 기계들에 올라탄 사람들이/ 창밖으로 일제히 투신할 것 같은 기세로/그러나 아무리 내달려도 제자리인 하염없는 이 저녁'(「별로인 것들과」)의 장면을 거느리는 것으로, 모두 같은 자세를 취하며 헬스장 기계 위를 뛰는 사람들은 각자의 이름을 잃고 익명의 군중이 되어 똑같은 일상에서 벗어나지 못하는 현대인을 떠올리게 한다. 그렇다면 이러한 사회에서 시인은 어떤 존재일까?

> c는 시계반대방향으로 몸을 뒤틀다가 반사회적 인물로 분류되고
> 음모설과 불화설은 늘 음모와 불화로 치닫는다
>
> 나비와 새와 나무들의 낭만적 세계관에서 손가락이 없는 c의 지문이 발견되고
> 그의 세계관에서는 나비와 새와 나무의 체액이 검출된다.
> ―「란돌트 고리 c의 의혹」 부분

시인은 시력측정표 안의 란돌트 고리 c라는 알레고리를 통해 현대사회 내에서 시가 지닌 무력감을 드러낸다. 자본주의 시대에 '합리성'이 의미하는 것은 계산 가능성이다. 사랑이나 믿음과 같이 명쾌하게 수치

화될 수 없는 것들은 대부분 무용하며, 종종 무력한 것으로 치부된다. 위 시의 주요 소재인 시력측정표 역시 '시력'이 상징하는 이성적 인식능력이 계산 가능한 숫자를 통해서 쓸모가 측정되고 증명되고 있음을 보여주는 단적인 사례이다. 이렇듯 철저히 짜인 사회 구조 안에서 꽃과 나비, 물고기는 각자의 고유성을 지니지 못한 채 호랑이, 구름, 고양이 등 그 무엇이어도 무방한 '대체 가능'한 기호로만 존재한다. 'c는 위치를 잡지 못한 채 조명이 켜져 버린 무대 위의 배우처럼/어떤 자세를 하고 있어야 할지 몰랐다'는 진술처럼 현실은, 그가 자신의 정체성을 확정하지 못한 상태에서 이미 작동하기 시작한다. 이런 사회에서 인간의 의지나 신념, 감성은 종종 불온한 것으로 간주되며 서정적 세계관을 지닌 시인은 무용한 존재를 넘어서, 반사회적 인물로 낙인찍힌다.

시인에게 이런 삶은 '세 개의 글자와 꼼짝없이 엮여 살아야 하는 무시무시한 생각들이/ 나보다 더 나를 닮은 이름들'에 '전 생애를 구겨 넣고 살아야 하는'(「명렬」) 끔찍한 슬픔을 불러일으킨다. 그 슬픔은 일차적으로는, 스스로 누구인지 모르면서 전 생애를 이름 안에 구겨 넣고 살아야 하는 운명에서 비롯된 것이지만 궁극적으로는 이로 인해, 타자와의 관계 맺기에도 실패하기 때문에 더욱 끔찍하다.

서로의 **뺨**을 때리며 우리는 반대말 놀이를 했다
너의 반대말과 그 반대말의 반대말이 다시 너가 되지 않는
이상한 저녁

밀폐구가 헐거워진 보온병처럼 낮은 슬며시 어둠으로 새어 나가고
표적지에 그려진 동심원들처럼 하얗게 식은 별들이 뜬다

애너그램의 별들이 친족 관계를 확인하며 반짝일 때
우리는 서로의 표정을 압정으로 눌러놓고 서로의 **뺨**을 때렸다

팔의 길이보다 가까운 기억들로 채워진
가혹한 사정거리 안에 서로를 가두고

말수가 적어진 겨울 회양목과
오드아이의 고양이와
비포장도로를 질주하는 무진동 차량과
물살의 고양을 일삼는 무모한 바람의 반대말들을 외치며

서로의 **뺨**을 때렸다
너의 반대말과 그 반대말의 반대말이 너로 환원되지 않는
이상한 저녁에

표적지를 회수하러 되돌아오는 사수처럼 새벽이 올 때까지
　　더러는 고통에 익숙해질 때까지
　　　　　-「루카스와 클라우스의 이상한 저녁」 전문

「루카스와 클라우스의 이상한 저녁」에서 '너'의 의미는 반대말을 통해서만 결정된다. 즉, '너'라는 대상은 영원불변한 의미가 있는 존재가 아니라 오로지 차이에 의해서만 존재하는 언어-텅 빈 '기표'일 뿐이다. 본질 없이 단지 차이를 통해서만 의미를 지니는 나/너의 이항대립의 세계에서 너의 반대말인 '나' 역시 일종의 텅 빈 기표일 뿐이다. 나를 알 수 없기에, 너를 향한 소통은 애초부터 불가능하다. 그래서 '너의 반대말과 그 반대말의 반대말이 다시 너가 되지 않는' 이 공허한 세계에서 우리는 서로 포옹을 하는 대신 '서로의 뺨을 때리는'(「루카스와 클라우스의 이상한 저녁」) 이상한 놀이를 되풀이하면서 고통에 익숙해진다.

　뺨을 때리는 '폭력'을 '놀이'로 가장하고, 서로의 기억 안에 상대를 가두는 기이한 만남은 사랑이나 우정이라고 하기엔 적의가 두드러진, 그렇지만 증오라고 하기엔 애정이 섞인 기묘한 관계에 가깝다고 하겠다. 그런데 흥미로운 점은 적의가 지배적으로 드러나는 특정 국면이 있다는 사실이다. 다음 인용시를 보자.

　(1) 일시에 충전기를 꽂으면 차단기가 내려가고

교행이 불가능한 복도에서 서로의 살이 닿을 때마다
스친 곳에서부터 증오의 돌기들이 솟아난다

발소리를 내거나 기침을 하는 것
숨을 쉬고
심지어 이름을 가진 것이 민폐가 되는 곳

누군가 제발 하나라도 사라진다면
생이 쥐젖만큼쯤 환해질 거라고 아홉은 생각한다
-「장기투숙객 아홉」 부분

(2) 6온스 글러브를 낀 선량한 유대류의 육아낭 속에
잠자던 분노의 진균들이 발아할 때
턱밑 악하선까지 차오르는 동종혐오
혹은
나와 같은 존재가 지상에 둘일 수 없다는
도플갱어적 적의입니다
-「캥거루 복서의 연역」 부분

(3) 왜 국물은 항상 그릇들 사이 좁은 틈새로만 떨어지는 것일까
-「대보름」 부분

(1)에서 아홉 명은 좁은 복도에서 서로 살이 스칠 때마다 적의를 느끼며, (2)에서 육아낭 속에서는 분노의 곰팡이 '들'이 발아한다. 캥거루의 '동종혐오'는 물론 '나와 같은 존재가 지상에 둘일 수 없다'는 자기 정체

성의 상실에서 오는 것이지만, 이러한 적의는 비좁은 육아낭 속에서 확 퍼지는 곰팡이처럼 들끓는다. (3)에서 화자의 질문은 '좁은 틈새로만' 떨어지는 국물들을 향해 있다. 이런 것들을 보면, 시인에게 생활이 공포스럽고 슬픈 이유는 무엇보다도 서로 간의 개별성을 보장하는 최소한의 안전거리를 사라지게 만드는 것에 있는 것이 아닌가 하는 추측을 하게 한다.

3. 시 쓰기 또는 시로 도약하기

그렇다면 최소한의 안전거리가 보장되지 않는 일상은 왜 그토록 그를 곤혹스럽게 하는가? 그것은 거리가 너무 가까워서 탐색하고자 하는 대상이 제대로 보이지 않기 때문이다. 잠시 바우만을 빌리자.

반면에 농부는 익숙하게 여겨지는 가깝고도 평범한 사건, 가령 끝없이 반복되는 계절의 순환이라든가, 집과 농장과 논밭에서 매일같이 이루어지는 사소한 일에 대해 이야기한다. 조금 전 나는 '익숙하게 여겨지는'이라고 썼다. 그런 일이라면 속속들이 잘 알기에 거기서 새롭게 깨달을 만한 점은 없으리라 예상하는 반응 또한 착각이기 때문이다. 그런 착각은 바로 그처럼 거리가 너무 가까워서 대상이 제대로 보이지 않을 때 발생한다. '지척에 있는 것' '늘 그 자리에 있는 것' '절대 바뀌지 않는 것'만큼 재빠르고 단호하며 완강하게 탐색의 시선을 벗어나는 것도 없다. 그런 것들은 이를테면, '밝은 빛 속에 숨어 있는' 셈이다. 사람을 기만하고 오도하는 익숙함이라는 빛에! 평범성은 모든 탐색의 시선을 방해하는 장막이다. 평범한 것을 관심 대상으로 삼아 면밀하게 조사하기 위해서는 일단 우리의 감각을 뭉그러뜨리는 빤한 일상성, 그 아늑하지만 지독한 순환으로부터 그것을 잘라내고 뜯어내어야 한다. 평범한 것을 제대로 살피려면 먼저 적당한 거리에 따로 떨어뜨려야 한다.
  ─지그문트 바우만, 『고독을 잃어버린 시간』, 2020, 동녘, pp.7~8.(밑줄은 인용자)

바우만은 벤야민의 논의를 빌어 이야기를 뱃사람과 농부의 그것으로 유형화한다. 뱃사람의 이야기가 신비하고 환상적인 이야기라면, 농부의 이야기는 익숙하게 여겨지는 이야기이다. 그가 주목하는 것은 농부의 이야기로서, 그는 이에 대한 설명을 통해 익숙함 속의 낯선 것을 찾아내는 것이 그 대상을 제대로 살피는 출발임을 강조한다. '어떤 대상을 잘 알기 위해서는 무엇보다 '적당한 거리'가 필요하다.'라는 바우만의 주장은 장수철 시인이 왜 그토록 사람 사이의 비좁음을 견디기 어려워하는지에 대한 해답이 된다.

장수철 시인에게 적당한 거리가 필요한 이유는 바로, 대상을 제대로 보기 위해서이다. 그리고 시인은 언어를 통해 '평범한 것을 제대로 보기'─바우만의 말에 따르면, '익숙한 것을 낯설게 보기'─로 한다. 가만있자, '익숙한 것을 낯설게 보기'는 바로 러시아 형식주의자들이 말한 시성(詩性)이 아닌가? 다음 시를 보자.

>지금부터 당신은 새인간입니다
>새들처럼 작고 둥글게 기침을 하고 있군요
>발열은 우화의 전단계입니다
>주민등록이 말소되듯
>39.5도의 비등점에서 휴머니즘은 증발됩니다
>새와 처음 접선했던 때를 기억하십니까
>유년의 운동장에서 발밑으로 떨어진 새의 사체를
>낡은 운동화처럼 꺾어신은 채
>젖은 노을의 눈시울 속으로 뛰어들고 싶었습니까
>그래서 당신의 국적은 어떤 새들의 붉은 눈가입니까
>인간이라는 오랜 잠복기가 끝날 때쯤
>전향서 말미에 남긴 새의 발자국은 당신의 친필입니까
>계절이 바뀔 때마다 어딘가로 떠나고픈 강박은
>조장의 풍습처럼 길고 오랜 것입니까
>머나먼 항로의 기억들이 편대 지어 날아갈 때
>남쪽의 어느 하늘이 당신의 본관이 되는 것입니까
>인간이라는 염증이 완치되는 순간
>고병원성 감염원으로 격리되는 외로움의 끝판에서도
>안심하십시오
>당신은 지금부터 새 인류입니다
>　　　　　　　-「조류독감에 대한 몇 개의 문진」 전문

　'고병원성 감염원으로 격리되는 외로움의 끝판에서도/ 안심하십시오/ 당신은 지금부터 새 인류입니다'라는 시구에서처럼, 그는 무한한 외로움 속에서도 인간

으로 남기를 거부하고 새로 도약한다. 여기서 흥미로운 사실은 '새 인류'라는 말이 새의 속성을 지닌 인류와 새로운 인류라는 이중의 의미를 가지고 있다는 점이다. 이렇게 본다면 시적 화자는 단지 새로 변신하고자 하는 것이 아니라, 새(의 날개)와 인간(의 마음)의 속성을 모두 가지는 새로운 인류가 되기를 바라는 것으로 읽을 수도 있다. 바우만이 이 시를 읽는다면, 화자는 지상으로부터 일정한 거리를 유지하기 위해, 즉 지상의 삶을 더욱 잘 이해하려는 마음에서 새의 날개를 소망하는 것이라고 말할지도 모른다. 거기에 덧붙이자면 새와 인간의 경계에 선 존재이고자 하는 욕망, 지상과 천상 사이에 존재하려는 소망은 어떤 의미에서 '경계인', '이방인'의 자세를 떠올리게 한다. 그래서인지 나는 '새 인류'가 자유로운 비상의 꿈을 실현한 존재이기도 하며, 바로 그 의미에서 일상과 시의 사이를 왕복하는 이방인으로서의 시인이라고 생각한다.

글의 서두에서 말했듯이, 그는 낭만과 고딕이라는 대립되는 두 세계가 충돌해 형성된 단층지대의 거주민이다. 안타깝게도, 낭만의 세계에서 온 우리의 시인이 고딕적인 세계에 살기란 어렵다. 여행의 비유가 많이 등장하는 것은 바로 이 때문이리라. '산책은 무기력한 회귀의 은유다(「산책」)'라고 말하면서도, '아무리 내달려도 제자리인 하염없는 이 저녁(「별로인 것들과」)'임에도 '처음 만나게 될 아름다운 벼랑'(「일요일의 일」)

을 꿈꾸는 것은 그가 거주하는 이 지상에 낭만의 흔적이 부서진 상태로나마 남아 있어서이다.

> 오늘의 일은
> 속이 빈 거대한 원기둥을 싣고 가는 것
> 여기서부터
> 가 본 적 없는 그곳까지
>
> 보이지 않는 오늘의 무용한 책무를 다하는 것
>
> 어떠한 신전의 지붕도 얹을 수 없이
> 한없이 가볍고 어마어마한 부피를 지닌 커다란 원기둥들
>
> 저 거대한 신들의 빨대를 멀리로 옮겨주는 것
> 여기서부터
> 처음 만나게 될 가장 아름다운 벼랑까지
>
> 날아가거나 흘러내리지 않도록 단단히 묶어 둔
> 3번과 4번 요추가 뻐근해지도록
> 원기둥들이 담고 있는 일요일의 일과 같은 것들을 싣고
> 마지막 밤의 벼랑 끝까지 달리는 것
>
> 로프를 끊고 날아가는 원기둥들을 환하게 바라보는 것
> —「일요일의 일」 전문

6일간의 노동을 멈추는 신성한 일요일에, 화자는 신

의 원기둥을 멀리로 옮겨주는 임무를 수행한다. 그리고 밤의 벼랑에서 떨어지는 낙하의 순간에 신의 원기둥은 천상을 향해 날아간다. 이 시의 마지막은 절망과 하강의 상상력을 딛고 천상으로 자유를 향해 도약하는 장면으로 끝난다. 이 시의 마지막 구절을 읽다 보면, 나는 어쩐지 내 안에 있다가 느닷없이 나의 바깥을 향해 도약하려는 나의 누추한 언어가 생각난다. 가끔 시라는 이상한 이름으로 불리는, 무의미한 침묵으로 가득 찬 그것 말이다.

삶을 능숙하게 헤쳐나갈 수 없는 자는 자신의 운명에 대한 절망을 조금이라도 막아내기 위한 손 하나가 필요하다.… 그러나 다른 한 손으로 그는 잔해 속에서 본 것을 기록할 수 있어야 한다. 왜냐하면 그는 다른 사람들과는 다르게 그리고 더 많이 보기 때문이다. 결국 그는 살아 있을 때 죽었으며 진정으로 살아남은 자다. -프란츠 카프카, 『일기』 1921년 10월 19일자.(한나 아렌트, 이성민 역, 『발터 벤야민, 1892-1940』, 필로소픽, 2020, p.67에서 재인용.)

카프카는 1921년의 일기에서 이렇게 썼다. 당시 카프카는 보헤미아 왕국 노동자재해 보험공사의 법률가로 재직하면서, 〈어느 개의 기록〉을 집필하던 중이었다. 낮에는 공무원으로, 밤에는 예술가로 살았던 그는 우리의 손이 두 개인 이유가 한 손으로는 절망을 막아내고, 한 손으로는 잔해를 기록하기 위해서라고 말했다. 즉, 그가 바라본 삶은 절망과 잔해였던 것이다.

그는 예술가를 '삶을 능숙하게 헤쳐 나갈 수 없는 자'라고 보았던 것 같다. 그의 말처럼 그런 부류의 사람들이 정말 예술가가 되었는지는 모르겠다. 다만, 적어도 내가 아는 그런 부류의 사람 중에서 한 사람은 시인이 되었다. 그리고 어느 날엔가는 이런 시를 보내와 삶의 누추로 도무지 덮이지 않은 깨끗한 마음을 들여다보게 만드는 것이다.

죽은 사람의 얼굴 위로 흰 천을 덮는 것은 죽음을 가리려는 것이 아니라 죽음에게 삶의 누추를 들키지 않으려는 것이다 사랑이 끝난 지표 위에 눈이 쌓여 덮인다 사랑 이후의 남루를 들키지 않으려는 듯 누군가의 이름을 한사코 지우려는 결기 같은 것들 끝내 지워지지 않는 기억을 차라리 묻어버리려는 마음 같은 것들이 무수한 점묘의 붓끝이 되어 지상을 덮는다 방치된 차들의 검은 지붕과 지붕이 내려앉은 슬픔의 가옥들 도시의 흉곽을 길게 찢어놓은 검은 도로 위로 거대한 데드마스크가 떠오른다(-「적설」)

낭만적 루프탑과 고딕의 밤

찍은날 2022년 2월 15일
펴낸날 2022년 2월 20일
지은이 장수철
펴낸이 박몽구
펴낸곳 도서출판 시와문화
주 소 13955 경기 안양시 동안구 경수대로883번길 33,
       103동 204호(비산동, 꿈에그린아파트)
전 화 (031)452-4992
E-mail poetpak@naver.com
등록번호 제2007-000005호(2007년 2월 13일)

ISBN 978-89-94833-77-4(03810)

정 가 12,000원